AUTEUR
Claude Fauque

DIRECTION ARTISITQUE
toolBox

REMERCIEMENTS :
La Chambre d'Agriculture de l'Ile Maurice
Le CEDUS (Centre d'Etudes et de Documentation du Sucre)
Le MSIRI (Mauritius Sugar Industry Research Institute)
La Société Deleplanque, Paris
L'UNESCO

Impression : IPC, Ile Maurice

l'Aventure du SUCRE

BEAU PLAN – ILE MAURICE

BEAU PLAN

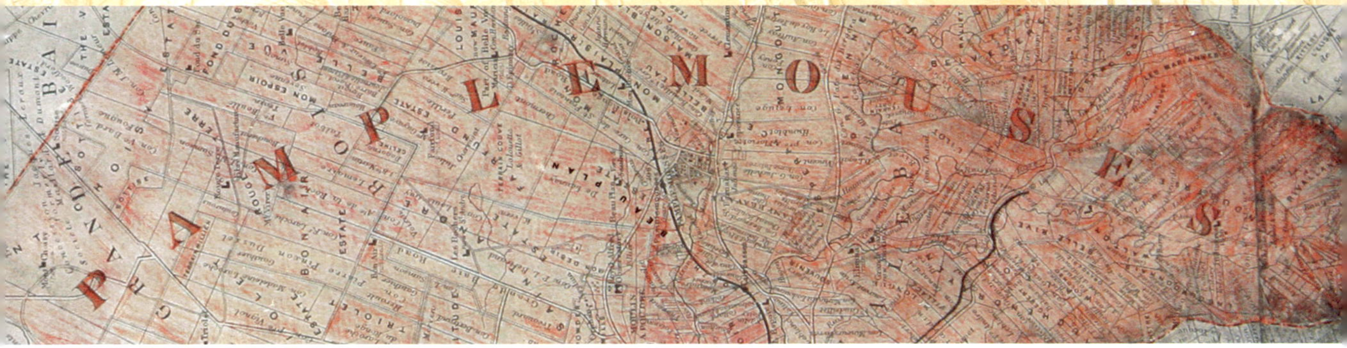

UN LIEU INCOMPARABLE

Comme un vaisseau ancré à travers les champs de canne, l'ancienne usine sucrière de Beau Plan a arrêté son histoire pour mieux la raconter aux autres.

Elle jaillit avec majesté dans un environnement exotique de flamboyants et de cocotiers qui semblent se découper sur le lointain bleuté des pittoresques sommets des montagnes mauriciennes. Elle a pour prestigieux voisin le splendide jardin de Pamplemousses, gardien à travers les siècles d'une flore tropicale dont l'île garde encore des secrets.

Le quartier de Pamplemousses est l'un des plus anciens de l'île, souvenir du temps où le gouverneur La Bourdonnais y construisit sa demeure, où Pierre Poivre imagina le jardin, où près de la jolie église, Bernardin de Saint-Pierre choisit de faire dormir à jamais Paul et Virginie. Il fait bon encore flâner dans le village pour y découvrir une vie quotidienne cachée et paisible.

Beau Plan, 1930

L'AVENTURE DU SUCRE

Derrière la façade de l'usine, une aventure : celle des histoires qui se sont tissées autour du sucre, qui fut longtemps la principale activité de l'île.

Ce lieu conserve la trace des activités humaines ancrées dans un temps (les cinq siècles de l'île habitée), un territoire, des cultures : il est comme un miroir dans lequel la société locale peut s'observer et qu'elle tend joliment à ses hôtes pour qu'ils essaient de la comprendre.

Le site est aussi prétexte à interprétation. On peut dire que l'aspect fabrication du sucre est le " haut de l'iceberg " du mot sucre qui recouvre des incidences multiples. Ce bas de l'iceberg contient aussi bien l'histoire des peuplements de l'île, l'histoire économique des échanges et du commerce ou l'étude de la canne sur le plan agronomique.

L'Aventure du Sucre se vit à tous les âges, et intéresse autant le technicien du sucre que l'historien, le curieux ou le lettré, l'ingénieur ou le vacancier… Le concept du site tient compte à la fois de la spécificité mauricienne et de critères internationaux.

Fruit de l'investissement de promoteurs privés issus du monde sucrier, qui l'ont voulue et imaginée au service de tous, l'Aventure du Sucre met en valeur l'âme mauricienne derrière le terme apparemment tout simple de " sucre "…

AU PAYS DES

MASCAREIGNES

Un nom qui fait rêver pour un archipel qui comprend aussi La Réunion, Rodrigues et Saint Brandon.

Si le nom du navigateur Pedro Mascarenhas fut donné à cette région, aucun navigateur portugais n'a jamais laissé de descriptions de l'île Maurice : les premiers à le faire furent les Hollandais qui débarquèrent le 20 septembre 1598 dans la baie du Grand Port et nommèrent cette île déserte Mauritius, du nom de Maurice de Nassau, Stathouder de Hollande.

Antérieurement à la venue des Portugais dans la mer des Indes et à la “ découverte ” de l'île au début du XVIe siècle, il est établi que les Arabes connaissaient l'existence des Mascareignes qui figurent sur la carte de Cantino, publiée en 1502 où l'île Maurice porte alors le nom de Dina Robin.

Au temps des Français au XVIIIe siècle, La Réunion s'appelait l'île Bourbon et Maurice était l'Ile de France ; seule Rodrigues fut toujours Rodrigues... L'Ile de France avec ses ports accueillants et son lagon la protégeant des tempêtes fut très convoitée dans cet océan Indien dont elle était la clé de la route des Indes en offrant vivres et abris. C'est ainsi qu'elle devint anglaise en 1810... jusqu'en 1968.

Dans l'archipel des Mascareignes, à 20° de latitude Sud et 57°5 de longitude Est, à 2 000 km de la côte orientale d'Afrique et à 890 km à l'est de Madagascar, l'île Maurice d'une superficie de 1 852 km^2 a choisi plus de 5 000 m^2 à Beau Plan pour y dérouler l'Aventure du Sucre.

Une histoire pour une île

Les premiers habitants

C'est en 1598 que les Hollandais touchèrent pour la première fois l'île qui était alors déserte.

Installés à Java, et préoccupés par le commerce des épices, ils ne s'intéressèrent à Maurice qu'en 1638 pour y envoyer un contingent exploiter les ressources naturelles, et empêcher les Anglais et les Français de s'y installer eux-mêmes. Leur établissement principal fut formé au Grand Port autour du Fort Frederik Hendrik. Ils introduisirent notamment la canne à sucre et le cerf mais abandonnèrent l'île en 1710.

Le Français Dufresne d'Arsel, montant le Chasseur, toucha à Maurice en 1715, en prit possession et la nomma Ile de France.

Il faut attendre 1721 pour qu'un petit contingent venu de Bourbon vienne occuper l'île. La Compagnie des Indes enverra plusieurs gouverneurs qui seront découragés par la situation lamentable de l'île. En 1735, la population ne compte que 838 individus (190 Blancs

et 648 Noirs).

Les débuts de la mise en valeur de l'île par les premiers habitants seront très difficiles... Famine, intempéries, difficultés de communications, rien n'épargne la colonie qui doit aussi lutter contre les sauterelles qui ravagent les cultures et les rats qui détruisent tout.

Les premières maisons sont plus proches de cases que de villas coloniales et il faudra beaucoup de force de caractère et d'efforts pour transformer ces conditions de vie.

" Je ne vis dans toute la maison qu'une seule pièce : au milieu, la cuisine, à une extrémité, les magasins et les logements des domestiques ; à l'autre bout, le lit conjugal couvert d'une toile sur laquelle une poule couvait des œufs ; sous le lit, des canards ; des pigeons sous la feuillée et trois gros chiens à la porte. Je fus véritablement surpris de trouver dans ce mauvais logement une dame très jolie... "

MARCELLE LAGESSE – *A LA DECOUVERTE DE L'ILE MAURICE*

" Les ruisseaux, qui tantôt roulent leurs ondes en silence, et tantôt se précipitent avec fracas dans les abîmes, ont leurs bords couverts de plantes rampantes, d'une affinité d'espèces, et d'arbres auxquels sont suspendues des touffes de scolopendres. Tous ces végétaux en fleurs offrent un aspect admirable. Les mousses et les capillaires croissent à l'ombre des rochers. Les troncs d'arbres renversés se couvrent d'énormes mousserons et autres excroissances ondoyées de diverses couleurs. "

MILBERT – *VOYAGE PITTORESQUE A L'ISLE DE FRANCE 1812*

L'ILE SOUS LA TUTELLE DE
La Compagnie des Indes

De 1715 à 1764, l'Ile de France fut placée sous la tutelle de la Compagnie des Indes française, créée en 1664 par Colbert, principal conseiller de Louis XIV pour les affaires du grand commerce.

Plus intéressée par Bourbon dénommée " colonie de rendement " grâce à l'introduction de la culture du café, la Compagnie s'intéressait peu à l'Ile de France qui devra attendre le gouverneur La Bourdonnais en 1735 pour sortir du marasme.

La Compagnie des Indes avait un seul but : procurer au royaume " l'utilité du commerce d'Asie ". Pour cela, l'Etat lui déléguait des pouvoirs importants.

Qu'est-ce qu'une " Compagnie des Indes " ?

Une " association privilégiée " de négociants ayant reçu d'un souverain le monopole des relations commerciales entre un pays d'Europe et des contrées lointaines, Amérique ou Asie. Elle expédiait depuis ses " comptoirs " (Canton en Chine, Pondichéry en Inde pour la Compagnie des Indes orientales) les marchandises convoitées par l'Occident. La Compagnie disposait en plus d'escales le long de sa route, telle l'Ile de France.

Thomas de La Placelière, capitaine de vaisseau

La société coloniale de la période de la Compagnie des Indes est caractérisée par l'installation de la petite propriété agricole appelée " habitation ". Les concessions étaient des parcelles de terre données aux colons blancs pour la production de vivres destinés, en grande partie, aux vaisseaux de la Compagnie. Le colon devait mettre en valeur les terres, faute de quoi elles pouvaient lui être retirées.

Avec le mot de Compagnie des Indes, on garde le souvenir des produits attachés à son nom : les étoffes de coton (toiles peintes ou " indiennes "), les porcelaines de Chine dont les célèbres " blanc-bleu ", les meubles sculptés...

La période française

Le 4 juin 1735, jour où La Bourdonnais, capitaine de la Compagnie, débarqua à l'Ile de France, marque le début d'une véritable transformation pour cette colonie.

Il attribua à l'île un rôle essentiellement maritime et à Bourbon un rôle agricole. On lui doit l'aménagement de Port Louis, le développement des infrastructures de l'île avec l'encouragement au peuplement et l'arrivée de nombreux esclaves, la création des premières sucreries dont la Villebague.

" A son arrivée les deux îles (Bourbon et de France) étaient dans un dénuement complet. Il ne trouva, bien qu'on lui eût annoncé qu'il en serait autrement, ni ouvriers, ni troupe, ni marine ; il sut s'en créer non sans avoir, il est vrai, à vaincre une résistance continuelle de la part des habitants, dont son infatigable activité changeait totalement les habitudes. Pendant cinq ans, on le vit toujours levé à quatre heures du matin, le jour suivant les travaux, la nuit travaillant dans son cabinet. "

M. LE BARON D'UNIENVILLE
ARCHIVISTE – 1830

Du gouvernement royal à l'Empire, l'île vit sa vie

En 1766 l'île qui passe sous le contrôle direct du Roi de France compte alors 20 098 habitants dont 1 998 Blancs et " libres " et 18 100 esclaves. Vingt ans après ils seront 42 828 et au dernier recensement que l'on possède pour le XVIIIe siècle, en 1797, on comptait 59 020 habitants dont 6 237 Blancs, 3 703 libres et 49 080 esclaves.
Depuis leurs débuts difficiles, les habitants ont su dompter la nature, développer l'île, et arranger à leur façon les informations qu'ils recevaient tardivement de France par les bateaux.
Pendant quelques temps il sembla que l'indigo dut devenir la principale culture de l'île ; toutefois, il ne parvint jamais à concurrencer celui du Bengale qui était de meilleure qualité et cela diminua bientôt l'intérêt pour cette plante. On comptait alors à l'Ile de France de 60 à 80 sucreries ou guildeveries : ce fut le début de l'industrie sucrière.

Une indigoterie

Beau Plan : une histoire bleue et sucrée

L'Aventure du Sucre a choisi le domaine de Beau Plan comme l'archétype de l'évolution d'une petite propriété familiale en domaine industriel.

Au départ indigoterie – d'où la création du bleu de Beau Plan, cette belle couleur fondamentale obtenue à partir de l'indigo et par la suite, pendant deux siècles, ce sera le sucre.

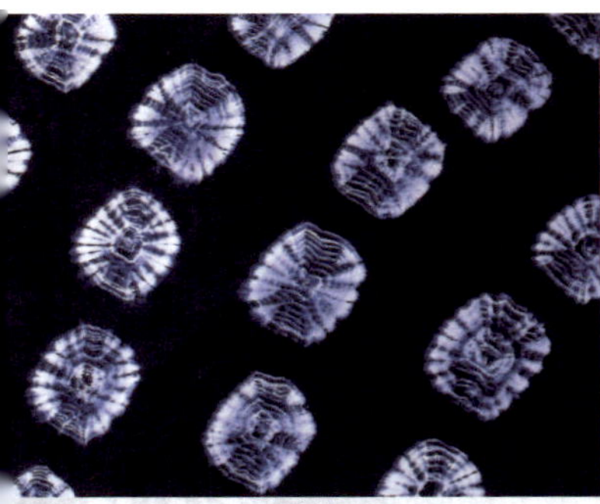

Teinture à l'indigo

Toile peinte des Indes

Lambrequins de toiture

Un art de vivre raffiné

Depuis les débuts difficiles des premiers habitants aux maisons couvertes de feuilles de latanier et faites de planches mal dégrossies, que de pas franchis au long de ce XVIIIe siècle !

En quelque soixante ans, l'Ile de France va construire un art de vivre raffiné, développer une architecture que l'on va baptiser “ coloniale ” (on verra le même phénomène à Bourbon) choisir, dans les marchandises proposées par la Compagnie puis les prises des corsaires, des objets délicats, des étoffes de diverses origines... Ce goût du raffinement sera une aventure profondément ancrée dans le devenir de l'île.

UN PHENOMENE SOCIOLOGIQUE ET ECONOMIQUE :

La traite des noirs et l'esclavage

L'état d'esclave

L'esclave a fait l'objet d'un troc entre un chasseur-vendeur dans son pays d'origine et un acheteur-planteur principalement en Amérique du Nord et du Sud et dans l'Océan Indien.

Ce commerce appelé " traite " a duré quatre siècles avec une intensité grandissante au XVIIIe siècle. De 12 à 15 millions d'individus ont été ainsi transportés de force d'Afrique sur le continent américain, les Caraïbes et les îles de l'océan Indien.

En décembre 1723, par ordonnance du roi Louis XV, des lettres patentes en forme d'Edit sont promulguées concernant les îles de France et de Bourbon : elles resteront célèbres dans l'Histoire sous le nom de " Code Noir " qui régit les conditions de vie de tous les esclaves.

Par ordre d'importance voici quelques-uns de ces règlements :

- Tous les esclaves doivent être instruits dans la religion catholique à peine d'amende pour leurs propriétaires.
- Aucun mariage entre esclaves ne peut être conclu sans le consentement du maître.
- Les enfants nés d'un mariage entre esclaves appartiennent aux maîtres des femmes esclaves.
- Les esclaves étaient réputés " biens meubles " et faisaient partie des " choses " que l'on se répartissait dans les partages et les testaments.
- Défense leur est faite de " s'attrouper " à peine de punition corporelle qui sera le fouet ou le marquage au fer (appelé " la fleur de lys ").
- Les esclaves infirmes, vieux ou malades doivent être entretenus par leur maître.
- Les vols devaient être punis de peine afflictive, voire de mort.
- Défense aux esclaves de vendre " des cannes de sucre pour quelque cause que ce soit à peine de fouet "...

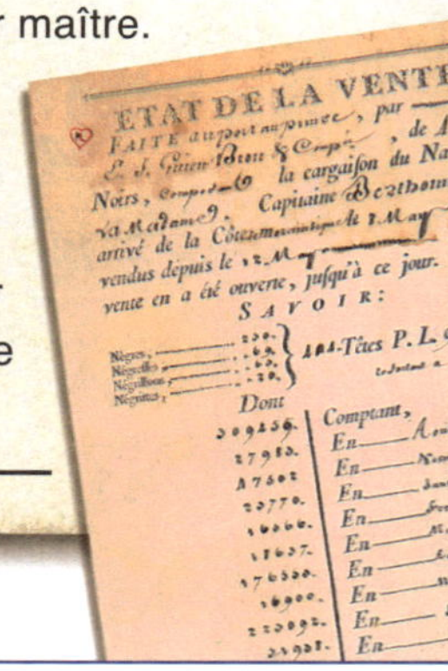

“ Le fleuve se souvient toujours de sa source ”

PROVERBE YORUBA

“ Je ne sais pas si le café et le sucre sont nécessaires au bonheur de l’Europe, mais je sais bien que ces deux végétaux ont fait le malheur de deux parties du monde. On a dépeuplé l’Amérique afin d’y voir une terre pour les planter : on dépeuple l’Afrique afin d’avoir une nation pour les cultiver. ”

BERNARDIN DE SAINT-PIERRE
REFLEXIONS SUR L’ESCLAVAGE

L’esclavage fut un vrai système économique mondial dont il faut aujourd’hui se souvenir ensemble. L’UNESCO en créant son programme éducatif “ La Route de l’Esclave ” veut exposer au grand jour ce tragique phénomène et l’Aventure du Sucre a tenu à collaborer à ce programme et à y apporter son devoir de mémoire.

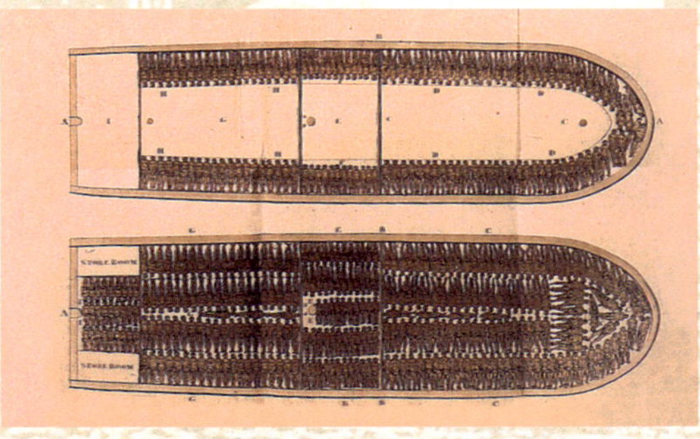

Plan d’un bateau négrier

La période anglaise

Acte de capitulation et le dernier combat en 1810

En 1810, après une capitulation empreinte de courtoisie, mais permettant aux Anglais de réaliser leur rêve, la possession de l'Ile de France, clé de la route des Indes, l'île, rebaptisée Mauritius, va changer de cap.

Le traité de capitulation fut un véritable " gentlemen's agreement " permettant aux habitants de conserver leurs lois, coutumes et religions. Grâce au gouverneur Farquhar qui prend parti pour les intérêts mauriciens, Maurice obtiendra un régime de faveur : l'abrogation des " navigation laws ", c'est-à-dire la liberté des relations commerciales en dehors de l'Angleterre, et l'admission du sucre mauricien en Angleterre au même taux que celui des Antilles anglaises. D'une île alors tournée vers la mer, Maurice devint " une colonie de plantations ". Cette période fut décisive : on préféra abandonner la mer pour le sucre.

En 1830, la population totale était de 96 779 habitants composée de 8 592 Blancs, 18 019 personnes de couleur auxquelles il convient d'inclure quelques Noirs des navires contrebandiers et 858 Indiens et Chinois, ainsi que de 69 476 esclaves...

L'apogée du sucre

La transformation des activités de l'île tournée maintenant vers la production du sucre va faire surgir une classe nouvelle, celle des sucriers et des entrepreneurs, qui supplantera graduellement celle des commerçants et des " bourgeois de marine ".

L'avènement du sucre donnera naissance aux grands domaines sucriers qui auront besoin d'une nouvelle main-d'œuvre après l'abolition de l'esclavage en 1835.

L'apogée du sucre aux Mascareignes se situe entre 1850 et 1860. En effet, si en 1820, une centaine de sucreries fonctionnaient dans la colonie, vingt ans après, ce nombre était doublé et en 1858 le maximum fut atteint avec environ 259 sucreries. Au total, près de 400 unités furent en activité à des époques différentes au cours de XIXe siècle. Les grands progrès technologiques dans les sucreries favorisèrent le développement de l'industrie.

(Année 1832.) (N° 13.)

LE CERNÉEN,

OU

PETITE REVUE AFRICAINE.

PORT-LOUIS.

Une sucrerie au début du XXe siècle et le journal Le Cernéen créé en 1832

Des hauts et des bas

Le flot continu des arrivées d'immigrants indiens eut un corollaire tragique, l'apparition d'épidémies dramatiques qui entraînèrent de graves modifications dans la société mauricienne. La disparition de propriétaires d'établissements sucriers amorça le phénomène de centralisation qui devait s'accentuer au long du XXe siècle pour des raisons d'efficacité. Les engagés indiens devenus citoyens mauriciens s'établirent dans des villages indépendants et devinrent souvent de " petits planteurs " sur des terres morcelées : ce fut le phénomène du morcellement et du métayage.

Groupe de petits planteurs

Si le boom sucrier des années vingt apporta un moment d'excitation, l'ensemble du siècle fut marqué par le labeur et la recherche du visage nouveau qu'allait prendre l'île au tournant de la modernité.

L'île de l'indépendance en 1968 en s'appuyant sur " l'industrie mère ", le sucre, allait se tourner vers des développements nouveaux par des investissements dans le tourisme et le textile, les principaux fleurons de la diversification.

L'engagisme

UN FAIT DE SOCIETE A L'ILE MAURICE

C'est à partir de 1834 que commence le mouvement continu de l'immigration indienne afin de résoudre le problème du développement de l'industrie sucrière.

La date anniversaire retenue est le 2 novembre. Maurice fut le premier pays à faire l'expérience de la main-d'œuvre indienne par contrat. Le recours sur une grande échelle à l'immigration indienne allait transformer le visage et l'avenir de l'île puisque jusqu'à la suspension de l'immigration en 1909, l'île reçut près de 450 000 engagés dont la plupart ne rentrèrent pas en Inde.

" L'Indien, c'est l'âme de la propriété, que dis-je, c'est l'âme de l'industrie sucrière elle-même. "

ARTHUR MARTIAL
A L'OMBRE DU VIEUX MOULIN

Le recrutement

Le mouvement de recrutement se fit d'abord à l'aveuglette par des courtiers envoyés par les planteurs pour démarcher des travailleurs dans un pays victime alors de la surpopulation, des dettes et de la famine.

Les contrats étaient alors passés directement en Inde entre un courtier représentant un planteur et le futur laboureur qui s'embarquait pour un difficile voyage de 8 à 10 semaines qui n'avait rien d'une croisière...

Entrée de l'Apravasi Ghat

L'homme au " tin ticket "

Ce système fut par la suite aboli pour une meilleure protection des immigrants tenus de posséder diverses pièces d'identité. L'homme au " tin ticket " portant dans une petite boîte cylindrique en fer-blanc son certificat d'arrivée, une description personnelle avec une photographie, son certificat d'engagement en est un symbole. Le gouvernement mauricien organisa un système d'accueil (le Dépôt) à Port Louis où les laboureurs engagés devaient être logés, nourris et recevoir des soins médicaux après leur long voyage en mer, et où les planteurs venaient leur proposer l'embauche.

UNE NOUVELLE IDENTITE

Le travail sur les propriétés

Organisés en " bandes " sous la direction d'un " sirdar " (un contremaître) les coolies travaillaient dur dès quatre heures du matin sur les propriétés sucrières, soit aux champs, soit dans les usines.
Ils vivaient dans des camps faits de rangées de médiocres habitations très rustiques sur la propriété même.
Avec le temps les camps s'améliorèrent ; on distingua les maisons des sirdars, des artisans. Les activités sociales, les préparations des repas par les femmes se faisaient dans un cadre collectif.

Par la suite, le phénomène du morcellement et du métayage permit l'accession à la propriété des descendants de ces engagés devenus " petits planteurs ".
Travailleurs infatigables, amoureux de la terre, les immigrants ont forgé une nouvelle identité à l'île.

UN PARCOURS HISTORIQUE

A l'ombre de la cheminée

C'est le titre que l'Aventure du Sucre a donné à tout son parcours historique car c'est en effet à l'ombre des cheminées des domaines sucriers que s'est organisée au cours des siècles la vie sociale.
Y eut-il des querelles de cheminées comme des querelles de clochers ? Chaque propriété assurait en effet le logement, les soins, l'école, l'entretien des routes, le transport... Autour d'elle se regroupaient comme au cœur d'un village plusieurs " petits métiers " qui apportaient leurs services à la population : du forgeron au charretier, du barbier-coiffeur à la vendeuse de gâteaux. Une cheminée qui arrêtait de fumer, c'était une organisation sociale bouleversée.

les Charmes du Sucre

Il fut un temps où le sucre était rare, précieux et cher : objet magique, lié au plaisir et au luxe, produit de désir plutôt qu'aliment.

C'est le médecin provençal Michel de Nostre Dame, plus connu pour ses prophéties sous le nom de Nostradamus, qui insista sur les vertus du sucre dans la conservation des aliments en publiant en 1555 son traité des confitures.

NOSTRADAMUS

1557 1557

TRAITÉ
DES CONFITURES

LA FAC,ON ET MANIERE
de faire toutes confitures liquides,
tant en ſuccre, miel, qu'en
vin cuit.

Reprint de l'édition de 1557, réalisée par Christophe Plantin à Anvers,
Précédé de differents portraits de Nostradamus.

Le sucre alors exotique était vendu par les apothicaires qui, dans leurs tiroirs, gardaient jalousement sucre candi, sucre rouge (réservé aux clystères...) ou cassonade... On disait alors " un apothicaire sans sucre " pour se moquer d'un commerçant mal achalandé.

Tandis que pendant sa longue période médiévale, l'Occident se procurait le sucre avec rareté, l'Orient, qui en avait les clés de la fabrication, vivait une civilisation du sucre à travers ses mets, ses douceurs et ses caravanes qui transportaient de par les routes de terre et de mer les pains de sucre tant convoités.

Dans la splendeur du XVIe siècle vénitien où l'éphémère était aussi important que l'architecture éternelle, les décors des fêtes somptueuses furent souvent de sucre... Colonnades et statues n'étaient que douces illusions. La richesse de Venise se manifesta, entre autres façons, au travers du sucre et l'on utilisa cette épice de luxe à des fins aussi étonnantes que variées.

Au XVIIe siècle, les buffets royaux à la Cour de Versailles, les échoppes de pâtissiers du Palais-Royal à Paris célèbrent les douceurs aimées des privilégiés du Grand Siècle. Le sucre fait partie des plaisirs du grand monde.

Le XVIIIe siècle, qui à travers l'Europe poussa le raffinement de l'art de vivre à son comble, découvre alors le café et le chocolat qui deviennent des boissons à la mode. " L'heure du chocolat ", telle que François Boucher l'a peinte, est un témoignage de ces moments de gourmandise mondaine. Ces boissons quelque peu amères entraînent l'usage du sucre dont la consommation va décupler : l'heure du sucre, produit de consommation courante, a maintenant sonné.

Le XIXe siècle est le siècle des contrastes. D'une part le développement scientifique, les réalisations industrielles avec toutes les duretés de la production. De l'autre une société bourgeoise, une vie de famille très stéréotypée qui apprécie les douceurs, quelque peu mièvres parfois d'une vie sans surprise.

Il faut savoir succomber aux charmes du sucre!

Le sucre raconte des mots doux, les bonbons et les dragées s'offrent aux fiancées. Seuls les enfants désobéissent en allant chercher sur la dernière étagère, confitures et bonbons.

Sans le sucre, restrictions et rationnement. Le sucre a rapidement fait défaut lors de la Seconde Guerre mondiale. En effet, le sucre de canne n'arrive plus et les zones

de combat ont détruit des sucreries de betterave.

A partir d'août 1940, le sucre traditionnel est soumis au rationnement, à raison de 750 g par mois pour les enfants de moins de 3 ans, et 500 g pour les autres, ce qui correspond à moins de trois morceaux de sucre par jour.

Le sucre devient un produit magique qui fait rêver...

LA FABRICATION DU SUCRE

AVANT LES MOULINS

LE TRANSPORT DE LA CANNE

C'est en effet un moment important pour les sucreries quand arrivent toutes les cannes à transformer.

On eut tout d'abord les charrettes menées par les zébus. Des équipages imposants apportaient, soit les cannes de la propriété, soit celles des petits planteurs, qui ont d'ailleurs gardé ce système beaucoup plus longtemps. On peut encore en rencontrer sur une route en saison de coupe. Les domaines se modernisèrent et adoptèrent le petit train avec sa locomotive (dont on peut voir deux exemplaires sur le site) pouvant entraîner jusqu'à 35 ou 40 wagonnets contenant chacun 2,5 tonnes de cannes. Charrettes et wagonnets transportaient leur fournée de cannes entourées de chaînes et les cannes étaient entreposées ainsi " ficelées "...

Puis vinrent les camions et les tracteurs : les temps changent... Depuis les champs, les tracteurs transportent d'énormes paquets de cannes. Avec la mécanisation au champ, le changement est encore d'importance : la canne est coupée sur place, transportée et débarquée directement dans le convoyeur à cannes.

“ C’était sa poésie, que la cahotante file de ses charrettes, que la basse-taille caverneuse de ses grands bœufs puissants et pensifs, que le gémissement des essieux, les “ hii-ta ” de ses hommes, l’insolent éclat des coups de fouet, la facture d’un beau chargement, le rapide passage de sa caravane au fond de la vallée, les “ voyages ” nocturnes à la caricaturale lumière des “ massals ”, son entrée triomphale sur la place de l’usine, la stratégie du pesage et du déchargement, et, par dessus tout, la rébellion des bêtes ardentes, les emportements, les arrêts audacieux, l’amendement brusque d’une fougue superbe. ”

L’ECRIVAIN MAURICIEN ARTHUR MARTIAL DECRIT AINSI AU DEBUT DU XXe SIECLE,
LA POESIE DU CHARRETIER ET DE SES TRANSPORTS DE CANNES.

LE BROYAGE

DU JUS AU SUCRE

DANS LE MONDE SUCRIER DE L'ILE MAURICE, LE TERME DE " MOULINS " RECOUVRAIT PRIMITIVEMENT A LA FOIS LE LIEU OU SE TRANSFORMAIT LA CANNE EN SUCRE ET LES ROULEAUX QUI PRESSAIENT LA CANNE.

Ce terme de moulin vient aussi de l'anglais qui sous le terme de " mills " recouvrait diverses activités usinières, notamment les fabriques textiles. Après des siècles, les énormes cylindres pour broyer la canne répondent toujours aujourd'hui à ce mot de " moulins "

Comme pour obtenir le jus d'un citron, il faut presser la canne pour en extraire le jus. Les premières installations décrites font mention d'une sorte de mortier creusé dans le tronc d'un arbre, à l'intérieur duquel la canne était pressée par un pilon.

Frangourinier

Un autre système très ancien utilisé à Maurice fut le " frangourinier " ou le " flangourinier ", encore en usage au début du siècle dernier : un cylindre de basalte tourné à la main écrasaient les cannes.

Ensuite vinrent les moulins verticaux : le cylindre du milieu recevait l'impulsion motrice mettant en action les deux autres cylindres qui tournent en sens contraire. On introduisait une poignée de cannes entre deux de ces cylindres ; elles passaient en s'écrasant et le jus s'écoulait ; et l'on recommençait l'opération de l'autre côté des cylindres.

L'IMPORTANCE DE LA BAGASSE

La bagasse de la canne à sucre est faite de la partie fibreuse de la canne de laquelle tout le sucre économiquement recouvrable a été extrait durant l'écrasement. Jusqu'à tout récemment, les chaudières étaient conçues pour réduire la bagasse qui servait de combustible en cendres. Toutefois, depuis une trentaine d'années, les usines à sucre d'Hawaii, de la Réunion et de l'île Maurice se sont rendu compte du potentiel offert par la bagasse pour produire de l'électricité et ce procédé constitue depuis une source substantielle de revenus pour l'industrie.

A l'heure actuelle, en 2002, plus de 40 % de l'électricité produite à Maurice provient des centrales électriques des usines à sucre.

La mise en action des plans de production d'électricité par la bagasse a permis à l'île Maurice de diversifier ses sources d'énergie, de remettre en état, de moderniser et de centraliser les usines sucrières, de diminuer les importations de combustibles fossiles et, ce qui est plus important encore, de réduire les émissions de gaz à effet de serre.

Moulins à travers les âges

Enfin on adopta les moulins horizontaux, ceux que l'on peut voir à Beau Plan, fruits de nombreuses améliorations au cours du XXe siècle. L'ensemble des moulins est constitué de trois ou quatre rouleaux appelés cylindres : le cylindre d'entrée, le cylindre de sortie et le cylindre supérieur. Les cannes, qui ont été préalablement préparées et déchiquetées par des coupe-lames, se présentent au premier moulin. Tout le jus ne peut être extrait par un seul moulin, les cannes passent donc à travers plusieurs moulins qui en extraient le résidu fibreux appelé bagasse. Pour extraire le maximum de jus de la bagasse on va aider l'opération en ajoutant de l'eau connue comme " eau d'imbibition " qui vient faciliter l'extraction du jus. Le jus est pesé et analysé pour donner des indications nécessaires à la suite des opérations.

LA CLARIFICATION

DU JUS AU SUCRE

APRES LA VISION MAJESTUEUSE ET IMPOSANTE DES MOULINS, ON RENTRE DANS LE SECRET DE LA TRANSFORMATION DU JUS EN SUCRE. ON VA DONC VOIR UNE SERIE D'EQUIPEMENTS QUI VONT SERVIR À RENDRE LE JUS BIEN PROPRE.

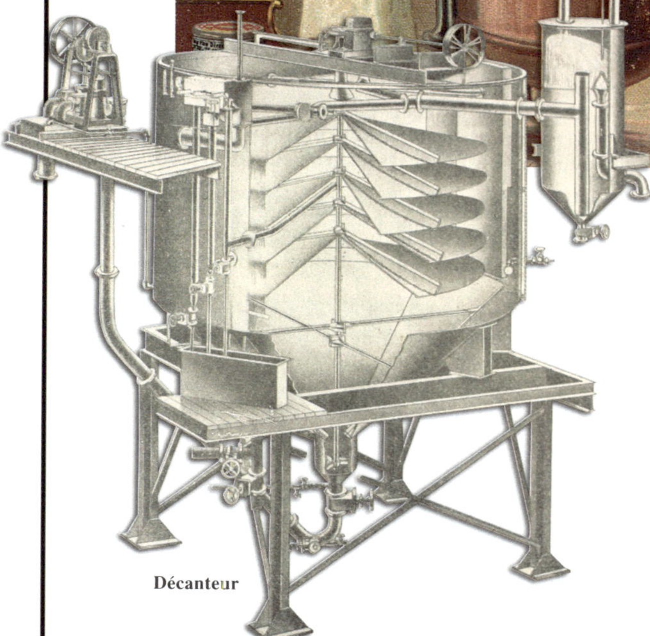

Décanteur

L'épuration chimique du jus se fait par addition de lait de chaux, d'où le nom de chaulage (cela explique la présence dans l'île de nombreux fours à chaux).

Sous l'action de la chaux, les substances non sucrées vont former un solide, les " boues " qui se déposent au fond d'un décanteur. Ces boues quelque peu retraitées vont servir d'engrais pour les champs. Rien ne se perd dans la canne.

Moulin de Forbach

Filtres à boues. Beau Plan, 1950

L'EVAPORATION

DU JUS AU SUCRE

Evaporateurs et appareils à cuisson. Beau Plan, 1950

EN FAIT IL S'AGIT D'OBTENIR UNE CONCENTRATION DU JUS DE CANNE POUR LUI PERMETTRE ENSUITE DE CRISTALLISER.

Cette concentration se fait dans les évaporateurs, semblables à d'énormes orgues dans cette cathédrale que représente une sucrerie... Le poids à évaporer représente environ 80 % du poids du jus et c'est l'opération qui consommera le plus d'énergie thermique. De ce fait, il est important que l'opération soit faite de la façon la plus efficiente possible, d'où l'usage d'évaporateurs à effets multiples : ce qui explique la batterie de ces cylindres boisés dans lesquels le jus va se condenser sous l'effet de la vapeur.

LA CUISSON

DU JUS AU SUCRE

UNE OPERATION QU'ON APPELLE A TORT CUISSON CAR SI LE JUS CONDENSE ETAIT VRAIMENT CUIT, ON OBTIENDRAIT DU CARAMEL !

Toute la science de l'opération réalisée dans ces appareils appelés aussi " vides " consiste à cristalliser le jus – devenu la massecuite – en maintenant la juste température sous vide.

A Beau Plan on s'amuse même à faire traverser aux visiteurs ces énormes appareils pour qu'ils s'imaginent être un cristal de sucre... sans la chaleur bien entendu !

" Les vides étaient très propres, deux ont des coupoles en cuivre qui après avoir été frottées avec de la cendre et une sorte d'oseille, que l'Indien appelle " tinepatia ",

sont devenues reluisantes : on y lit gravés artistement le nom du fabricant et le millésime. Il y a un des vides qui a déjà un grand nombre d'années – un des premiers importés – mais nos Créoles ne disent-ils pas que " c'est dans les vieilles marmites que l'on cuit le meilleur cari ? "

ARTHUR MARTIAL – *A L'OMBRE DU VIEUX MOULIN*

LA CRISTALLISATION

DU JUS AU SUCRE

LES EQUIPEMENTS SE SUCCEDENT… D'ABORD LES MALAXEURS SEMBLABLES A DE GIGANTESQUES MACHOIRES AVEC LEURS TUBES PLANTES SUR DES AXES : ILS VONT PERMETTRE DE REFROIDIR LES MASSES CUITES ISSUES DES VIDES POUR MIEUX PERMETTRE LE DEPOT DU SUCRE SUR LES CRISTAUX. ENSUITE LA CENTRIFUGEUSE…

L'usine de Beau Plan était équipée d'une batterie de vingt-quatre malaxeurs

Une fois la liqueur pratiquement épuisée dans les malaxeurs, il ne reste plus qu'à en séparer les cristaux pour obtenir le sucre sous sa forme commerciale. Cette opération se fait dans ce qu'on appelle soit des turbines, soit des centrifuges qui sont en fait des essoreuses. On peut comparer l'essorage de la masse cuite dans la centrifugeuse à l'essorage du linge dans la machine à laver. Pour le sucre, les cristaux restent dans le panier et le sirop est évacué par les trous comme l'eau de rinçage du linge est évacuée par les trous du tambour du lave-linge. Ce sirop c'est la mélasse, un sous-produit riche en sucre (il possède environ encore 30 % de sucre très difficile à extraire) qui est utilisé dans les distilleries pour la fabrication de l'alcool de canne à sucre et exporté comme base de nourriture pour les animaux.

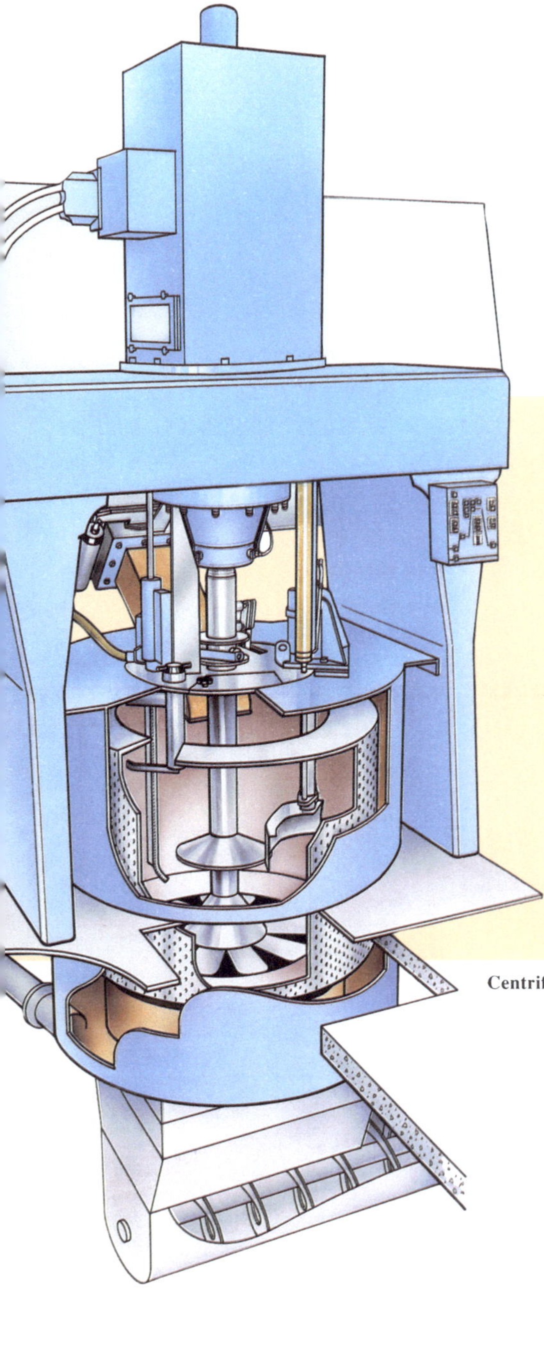

Centrifuge

LE SECHAGE

DU JUS AU SUCRE

Une fois le jus mère écoulé dans les caissons, le sucre était autrefois remué, emporté à l'extérieur et étendu sur des plates-formes en bois ou des toiles afin de sécher au soleil car lorsqu'il sort des centrifuges, le sucre contient entre 1 et 2 % d'humidité, ce qui est néfaste à sa bonne conservation. Il est donc aujourd'hui séché à travers un sécheur à circulation d'air chaud. A Beau Plan, le séchoir n'est plus en place, il faut l'imaginer... !

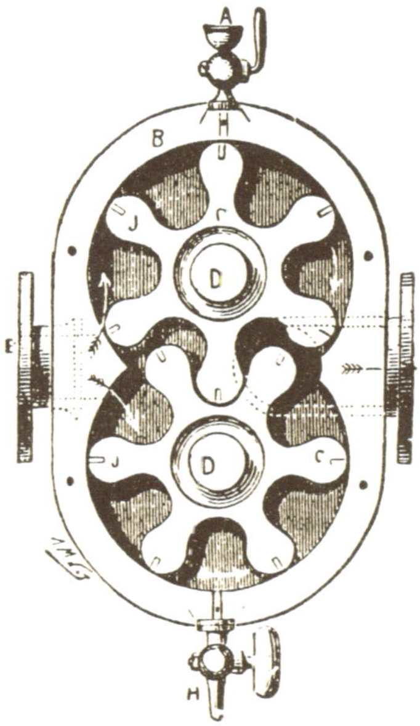

LE PAVILLON DE LA TECHNOLOGIE

Si à Beau Plan, on comprend les principes mêmes de la transformation du jus de canne en sucre à travers les principaux équipements disposés dans un ordre logique, on peut aussi se plonger dans l'histoire des techniques et dans les améliorations technologiques en allant aborder dans le “ ventre de la baleine ”, sous les entremêlements spectaculaires des tuyaux d'origine, le pavillon de la technologie. Progrès dans les moulins et le phénomène de broyage ; affinement des procédés d'épuration et de clarification du jus ; la cuisson primitive devenue plus efficace en étant partagée en deux temps : l'évaporation et la cuisson ; enfin les développements de la fin du process avec les phases de cristallisation.

LE BUREAU DU MANAGER

Une reconstitution d'un bureau qui fait revivre l'atmosphère d'un lieu destiné au manager de la sucrerie qui avait la charge de son bon fonctionnement et d'une production de qualité. Du trophée de chasse, obligatoire fierté, au casque colonial indispensable pour assurer l'autorité, en passant par des livres de comptes et des journaux de bord authentiques recueillis auprès de divers établissements de l'île, on s'y croirait...

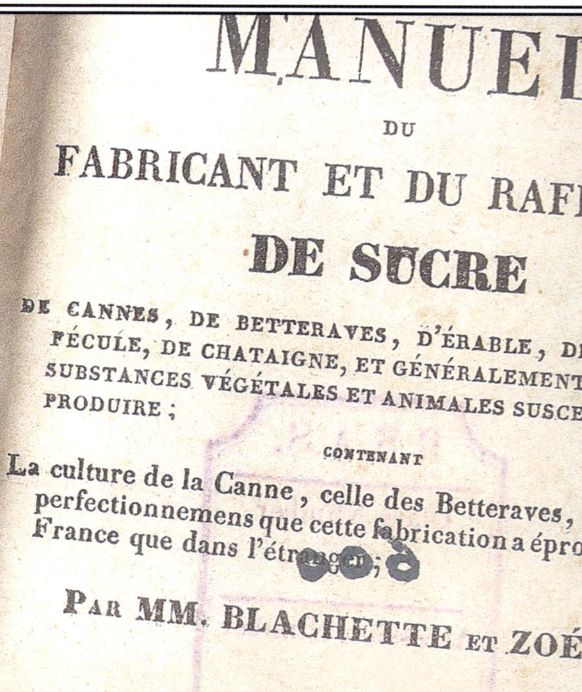
MANUEL
DU
FABRICANT ET DU RAF
DE SUCRE
DE CANNES, DE BETTERAVES, D'ÉRABLE, DE
FÉCULE, DE CHATAIGNE, ET GÉNÉRALEMENT
SUBSTANCES VÉGÉTALES ET ANIMALES SUSCE
PRODUIRE ;
CONTENANT
La culture de la Canne, celle des Betteraves,
perfectionnemens que cette fabrication a épro
France que dans l'étranger ;
PAR MM. BLACHETTE ET ZOÉ

PARCOURS DU SUCRE

LE LABORATOIRE DE CHIMIE

Le laboratoire est au cœur de tous les contrôles : on peut dire qu'il prend le pouls de la circulation du sucre dans une usine ! Hommage lui est donc rendu sur le parcours en se souvenant qu'un événement considérable se produisit en 1868 lorsque du sucre blanc fut fabriqué à La Gaieté, à Flacq, pour la première fois dans le monde, par le Dr Edmond Icery.

Saccharimètres, densimètres, balances, éprouvettes : un monde de souvenirs pour ceux qui ont participé à la vie de ces petits laboratoires d'établissements.

LE SUCRE DANS TOUS SES ECLATS

C'est d'abord le cristal de sucre géant qui se dresse pour dire : voici du sucre, après tout ce parcours élaboré !

C'est le kiosque des sucres spéciaux, cette caractéristique dont le monde sucrier mauricien peut être fier : quinze sucres aux qualités spécifiques, aux arômes différents, non raffinés mais propres à la consommation.

C'est la promenade de charme à travers toutes les formes du sucre : en pains, en cubes, en poudre, la transformation par les diverses cuissons.

C'est l'album géant " Sucre et Santé " qui révèle quelques secrets de bonne forme !

" On ne réalise généralement pas assez que cette petite île, perdue dans l'océan Indien, est un des principaux pionniers de l'industrie sucrière mondiale, aussi bien au point de vue de la fabrication du sucre que la culture de la canne. "

TOUT CE PARCOURS DU SUCRE PERMET DE COMPRENDRE CETTE PHRASE DE FRANCIS MAXWELL, TECHNICIEN INTERNATIONAL DU SUCRE.

La Canne à Sucre, une plante-usine!

Les multiples visages de la plante

La canne à sucre est une plante vivace dont la reproduction est assurée par bouture.

Son aire de culture se trouve dans les régions tropicales et subtropicales apportant chaleur et forte humidité pour la croissance. C'est dans la tige de la canne que le saccharose est stocké. Une tige de canne à sucre renferme de 10 à 15 % de matières fibreuses, de 12 à 18 % de sucre, sous forme de saccharose et d'un petit peu de glucose. Un pied de canne donne jusqu'à 20 litres de jus, dont on extrait environ 2 kilos de sucre.
Cette " plante-usine " se repique par bouturage. Il existe de multiples variétés de cannes à partir de deux grandes familles : les cannes nobles et les cannes sauvages.

Les caractéristiques de la plante

Au moment de la coupe, la partie inférieure (près du sol) de la tige contient plus de sucre que la partie supérieure. C'est pourquoi la canne doit être coupée au ras du sol pour ne pas perdre des bouts riches en sucre ; le sommet (bout blanc), qui ne contient que très peu de sucre est éliminé avec les feuilles.
Sur la partie souterraine (rhizome) se trouvent des œilletons qui vont germer et donner naissance à de nouvelles tiges. Ainsi s'établit une nouvelle repousse… et recommence le cycle. On compte en général sept repousses, selon les régions et les variétés.

" Ces grands roseaux rouges ou rosés, ou vert-blancs, ces cannes, c'est la vie de l'île qui passe. "

LOYS MASSON

Les cannes de graines pour l'amélioration variétale

Au départ, la canne est unisexe jusqu'au moment où elle devient ou bien mâle, ou bien femelle.

On organise le mariage des cannes afin d'obtenir des graines dans un seul but : améliorer les variétés.

Le croisement se produit en " lanternes ", sortes de chambres nuptiales isolant les géniteurs femelle et mâle, dans des serres sous des conditions contrôlées de température et d'hygrométrie. De la rencontre du pollen et de l'ovule naissent les nouvelles variétés, en l'occurrence les nouveaux types de canne.

Toutes les données recueillies sont entrées dans l'ordinateur où des programmes informatiques trient les bases de données et assistent les généticiens dans leur choix des croisements.

La recette du planteur

La canne est propagée à partir de boutures (têtes) plantée en rangées espacées d'environ I m 50.
Pour une plantation réussie, il faudra une terre bien préparée, des boutures de bonne qualité, des engrais et de l'eau en quantité suffisante et une bonne température.
Il faut compter entre 18 000 et 28 000 boutures à l'hectare…

" Et tel aussi était leur amour de la terre qu'une grande joie leur gonflait le cœur quand les cannes étaient mûres et que cent mille panaches fleurissaient la plaine, comme l'armée d'un maharadjah. "

MARCEL CABON – *NAMASTE*

"Il faut avoir vu la couleur des cannes pour savoir quelle sève de sucre sillonne nos montagnes."

ANANDA NIRSIMLOO-ANENDEN

Un paysage rythmé par la canne à sucre

Savez-vous planter la canne ?

L'histoire de la canne à sucre à Maurice se confond avec celle des hommes qui depuis plus de trois siècles ont apporté leur science et leur passion au développement de l'agriculture de l'île.

De Commerson, le savant français, à Octave Wiehe, le Mauricien, la chaîne du savoir a multiplié ses maillons qui aujourd'hui se forgent encore au quotidien sur les terres de culture, et dans les laboratoires de l'Institut de Recherches (MSIRI).
Savez-vous planter la canne ? C'est-à-dire la faire vivre et prospérer, la protéger et l'amener en splendeur au moment de la coupe – car ici on coupe, on ne récolte pas – qui s'étale sur plus de quatre mois suivant les régions.

Pour cela il faut préparer et défricher les terrains, creuser des sillons, choisir les moyens d'irrigation, protéger la canne des ravageurs et des maladies, savoir utiliser les nouveaux engins de mécanisation, choisir les bons herbicides et insecticides puis enfin organiser la coupe, le but du planteur.

A la main ? A la machine ?

L'Aventure du Sucre rend hommage à tous ces hommes qui pendant des décennies ont façonné une terre rocheuse, déplacé des montagnes… Le paysage mauricien est ponctué de ces pyramides de rocs volcaniques qui ont libéré la terre arable.
L'emploi du bulldozer pour la préparation des terres est venu augmenter d'une façon marquante la productivité des parties rocheuses de l'île sur des milliers d'arpents. La mécanisation est de plus en plus utilisée pour réduire les coûts de production mais il est toujours des endroits où seule la main de l'homme peut cultiver la canne.

" Ces cannes fleurissaient parce qu'ils avaient défriché, pioché, sarclé, dépaillé – comme l'esclave, jadis –, qu'ils avaient donné leur sueur à cette terre qui n'était pas à eux, dont pas une parcelle ne serait peut-être à eux, malgré les rigueurs auxquelles ils s'astreignaient, malgré ces travaux de chaque heure et ce riz qu'ils se refusaient pour que le fils eût une case à lui… "

MARCEL CABON – *NAMASTE*

le Sucre au Pays de L'enfance

Pour mieux faire partager au jeune public toute cette étonnante histoire de la canne au sucre, l'Aventure du Sucre a choisi pour leur parler deux " mascottes ", deux animaux typiques de l'île qu'on pourrait considérer comme les deux premiers écologistes importés de l'Inde : le martin et la mangouste.

Ainsi dans l'amphithéâtre des enfants égayé par des silhouettes d'enfants gourmands échappées de gravures charmantes du XIXe siècle, un dessin animé met en vedette Raj le martin et Florise la mangouste. L'un, grand mangeur de sauterelles, fut importé de l'Inde pour lutter contre ces insectes, l'autre, chasseur de rats, protège les champs des dents acérées qui creusent des trous dans les troncs de canne. Au travers des aventures de Raj séduit par la gracieuse Florise, les enfants rencontrent la culture de la canne jusqu'au cristal de sucre que le martin offre à sa belle en guise de diamant.

Tout au long du parcours, les jeunes ont rencontré sur les murs ou dans les films Raj et Florise qui leur ont posé différentes questions adaptées à l'enfance sur les sujets abordés.

Les routes du sucre

Les voyages sucrés

La canne au cours des millénaires s'est imposée comme le fournisseur privilégié de sucre de l'humanité. Des recherches récentes situent son origine en Nouvelle-Guinée d'où elle serait partie par l'ouest vers l'Inde et la Chine.

Les peuples d'Occident apprirent son existence 325 ans avant Jésus-Christ par les troupes d'Alexandre le Grand. L'Europe au Moyen Age et à la Renaissance connaît le sucre par la suprématie de Venise jusqu'à ce que la conquête du continent américain, notamment, lui permette de développer des colonies entièrement dévolues à la canne à sucre.

C'est au début du XIXe siècle que la canne aura accompli son voyage de 2 000 ans autour du monde !

Itinéraire du " roseau sucré " autour du monde. Durée du voyage : environ 2000 ans

De l'Inde, la canne à sucre avait voyagé vers la Perse, d'où elle s'était répandue au Moyen-Orient pour atteindre les rivages de la mer Méditerranée. Vers le milieu du VIIIe siècle, la canne à sucre était cultivée en Egypte près de l'embouchure du Nil. Les brassages de population dus souvent aux guerres et les échanges commerciaux participèrent à l'expansion de la canne à sucre. Ainsi, les

Arrivée des caravanes de sucre au Port de Saint Jean-d'Acre

Croisades en Terre sainte rapportèrent en France la douceur du sucre. Ce fut aussi au XIIe siècle que la canne se développa en Sicile où les Arabes l'avaient introduite. On pense que la culture raisonnée de la canne commença vers 1550 à Chypre qui fut dans l'Antiquité une île couverte de cannes par les Egyptiens. Mais la Sicile défendit alors jalousement le privilège de la fabrication du sucre.

LE SUCRE AU COEUR DE

L'économie mauricienne

Depuis l'époque héroïque de " l'île aux aventures " où les habitants fournissaient en tonneaux d'arack les navires de la Compagnie des Indes, les temps changent vers la mi-XIXe.

L'heure des exportations de sucre vers l'Europe, l'Inde et l'Australie, a sonné. La technologie aidée par les capitaux des investisseurs anglais, notamment, s'améliore avec les moulins à vapeur, la cuisson sous vide et les centrifuges. Le foisonnement d'usines à sucre atteignit son apogée vers 1853. Les routes du sucre mauricien traversent les mers autant vers l'Angleterre que vers l'Inde et l'Australie. Progressivement, on se rend compte des économies d'échelle possibles et vers 1880, de la nécessité de " centraliser " les domaines sucriers. Au début du XXe siècle, on assiste à la consolidation de l'industrie sucrière qui verra son heure de gloire financière avec le boom des années vingt.

Le Bulk Sugar Terminal à Port Louis, le troisième plus grand silo de sucre en vrac au monde

La guerre de la canne et de la betterave

Au XIXe siècle, la France et l'Angleterre se battirent politiquement autour du conflit " sucres exotiques / sucres indigènes " qui divisait les parlementaires. Canne et betterave se partagèrent le monde au prix d'une âpre concurrence. En 1900 le sucre de betterave représentait 53 % de la production mondiale ; depuis 1950, c'est la part du sucre de canne qui oscille aux alentours de 70 %.

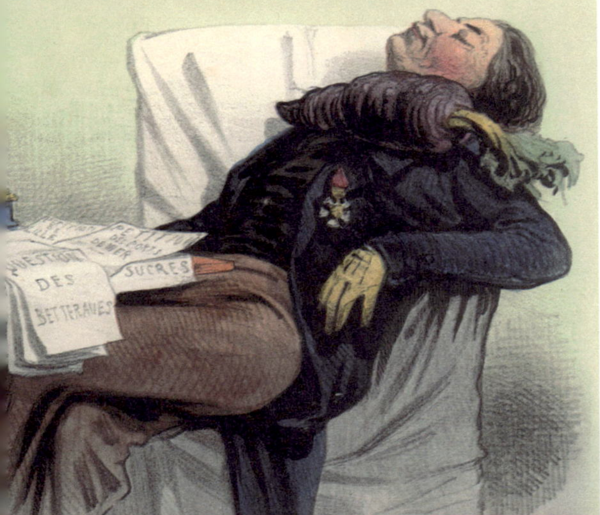

La locomotive des champs

On l'entend siffler de temps à autre dans le parcours de l'Aventure du Sucre ; c'est que l'on a trouvé les bonnes réponses au jeu dont cette superbe petite locomotive des champs est le prétexte ! Sur les grandes propriétés sucrières, les petits trains de cannes traçaient leurs routes jusqu'à l'établissement pour décharger les tonnes de cannes ramassées dans les champs.

LE SUCRE A CONNU, CONNAIT ET CONNAITRA TOUJOURS

Des hauts et des bas...

Le XXe siècle à Maurice a été lié à l'histoire économique du sucre. Les échanges mondiaux ont été soumis aux grands bouleversements du siècle, aux caprices boursiers mais une succession d'accords depuis 1937 a permis des tarifs préférentiels et la garantie des exportations de sucre.

A partir de 1975, Maurice obtient, sous le Protocole Sucre, un prix préférentiel et une garantie d'accès pour environ 80 % de ses exportations de sucre en une année normale, ce qui offre au pays une protection contre les fluctuations du prix du sucre sur le marché mondial. Le XXIe siècle voit se profiler la reconnaissance de la multifonctionnalité de l'industrie sucrière dans laquelle la production d'énergie " verte " grâce à la bagasse tient une place prépondérante.

Des champs de cannes en fleur, un beau moment dans le paysage de l'île

Les sucres spéciaux, des sucres malins

L'industrie sucrière mauricienne est maintenant connue à travers le monde pour sa spécialisation dans la production de sucres non raffinés de consommation directe. Ils sont destinés non seulement aux marchés de l'Union Européenne mais aussi aux Etats-Unis et au marché mondial. Ces sucres sont connus sous l'appellation : Golden Granulated, Golden Semoule, Golden Semoule Fin, Demerara Sec, Demerara Standard, Demerara Fin, Muscovado Brun, Muscovado Clair, Sucre Melassé, Brun Foncé mou, Brun Clair Mou, Granulés Café, Roux Spéciaux, Roux très Secs, Golden Demerara Fin.

MAURITIUS · CANE SUGAR
UNREFINED™

Dans le port

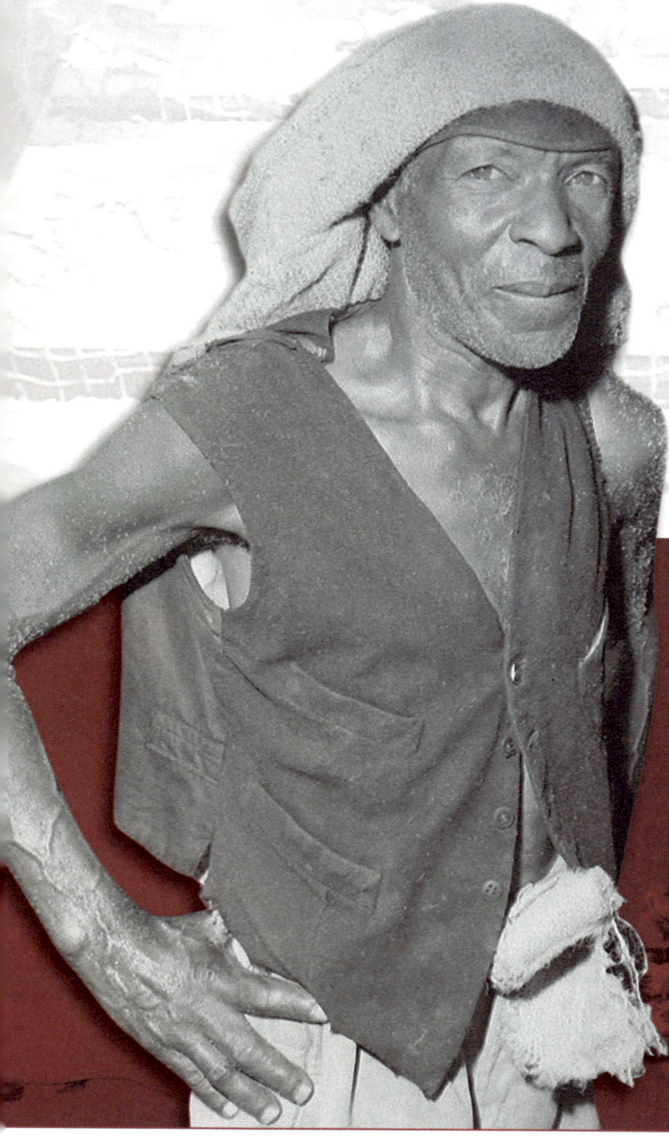

Un étonnement dans ce pavillon des Routes du Sucre : l'énorme chaland paisiblement amarré comme s'il était encore au port avec ses sacs de jute contenant le sucre à transporter sur le navire d'embarquement...

En octobre 2000, les derniers chalands de l'île Maurice partaient pour Madagascar et avec eux, un moment de la mémoire du port. L'Aventure du Sucre, qui se préparait, rachetait l'un des chalands pour que les Mauriciens puissent en garder le souvenir et celui des dockers dont le travail fut tellement lié à l'industrie sucrière.

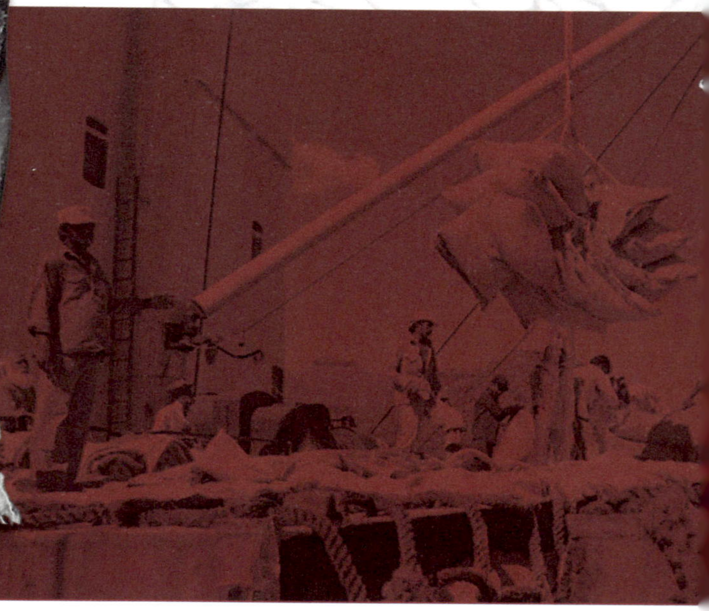

À l'intérieur du chaland, une exposition de photos noir et blanc des années 1970 porte témoignage du travail des dockers, avant que le terminal sucrier ne soit construit dans la baie de Port Louis. Du chaland, le regard se porte vers l'énorme pyramide de sucre par laquelle les visiteurs après une entrée surprise, débouchent sur la plate-forme devant la cathédrale du sucre… Ce tas de sucre est le symbole du “ vrac ”, le terminal contemporain – l'un des plus modernes au monde – où le sucre transite vers les navires. De la sucrerie au bateau, le convoyage est maintenant quasiment automatique en passant par les camions à caissons (on en voit beaucoup sur les routes de l'île !) jusqu'à la dernière bande transporteuse qui depuis les pyramides de sucre déversées dans les halls gigantesques achemine le sucre dans le navire.

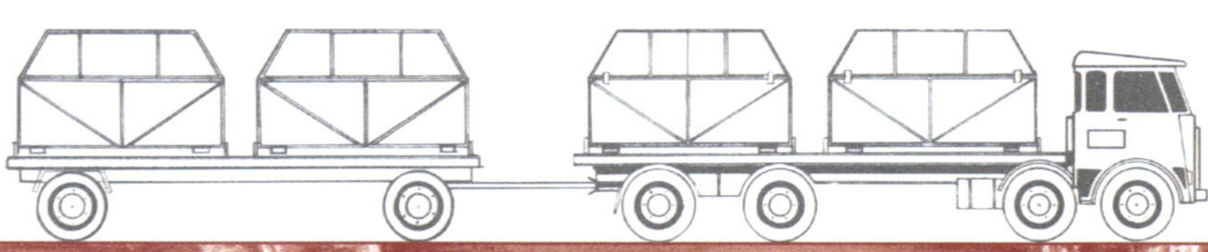

Si le sucre a connu,

connaît et connaîtra toujours

des hauts et des bas,

la canne, elle, est un roseau

qui plie mais ne rompt pas…